おひとりさまのあったか

1ヶ月食費2万円生活

四季の野菜レシピ

おづまりこ

はじめに

はじめまして
おづまりこです！
東京在住アラサーの
おひとりさまです
150cm
自炊1万円＋
外食1万円の
「1ヶ月
食費2万円」
で生活
しています
↑くわしくは姉妹本の
コチラから〜！
ゆるゆる節約生活も
3年目になりました
買い出しだ〜♫
スーパー
何を買おうかな〜
自炊にも慣れてきて
少しずつレシピを
増やしています
昔は野菜を
買うのに苦手意識が
ありましたが…
①余らせそう…
②消費期限がわからない
③使い方がわからない
自炊を続けていたら
特に旬の野菜を買うことが
増えてきました
♫
白菜安い〜

きっかけは3年前の夏
プチトマト…今が旬だけど
200円で山盛り30個ってお得では!?
つやつやピカ・ピカ
30ケ入 ¥200
ふつうは1パック15個〜160円くらい
おうちで
色が鮮やかでおいしそう…
ちょっとつまみ食いしてみよう
パクッ
めちゃくちゃ甘——い!!
旬の野菜ってこんなにおいしいの!?
それから旬の野菜を中心に献立を考えるようになりました
旬の野菜はおいしくて安い！節約にぴったり〜
1週間で使い切ることを目標にしています
大根半分 ¥98
とりと大根の煮物
卵焼き＋おろし
おろしうどん
ゆず大根
この本では旬の野菜を使い切るレシピをたくさんご紹介したいと思います
LOVE！野菜!!
おいしい野菜ワールドをごらん下さい〜！

もくじ

はじめに 2
1ヶ月食費2万円生活・基礎編 8

第1章

春の野菜レシピ

春の野菜レシピ 11

春が来た！春キャベツまるごとレシピ 12
●春キャベツたっぷりミネストローネ 14
●作り置き！豚コマとキャベツの味噌いため 18
●キャベツを使い切る！週末おつまみレシピ 20
●もっと春野菜！菜の花 22
●もっと春野菜！アスパラガス 23
【コラム】私の手帳、大公開!! 24

おかずの宝庫！新じゃがのレシピ 26
●ご飯がとまらない！ほっくり豚じゃが 27
●新じゃがで簡単おやつ 29
●新じゃがととり肉のねぎだれ炒め 30
●春のビールはじめ！新じゃがラクレット 33
●長～く楽しむ！いちごのシャーベット 36

The charge of board
of 20,000 yen

第2章

夏の野菜レシピ

トマト

なす

夏の野菜レシピ 41

夏を感じる なすのレシピ 42

●爽やかな味！ なすとトマトの冷製パスタ 43

●時短でリピート確定！ 豚となすの甘辛丼 46

●なすとキュウリのごま炒めで無限そうめん 49

夏の外食 わくわく！ ビアホールで飲み比べ 52

私がトマトを好きなワケ 54

●食欲増進！ トマトとキムチの雑炊 55

●使い方いろいろ！ トマトと大葉のオリーブあえ 56

●夏はさわやかキュウリ日和 58

●どんとこい夏バテ！ フォー風うどん 60

【コラム】おひとりさまの麺類の買い置き 64

●待つだけ！ しっとりゆでどりの作り置き 66

●お惣菜にチョイ足し！ 自家製「油《ユー》淋《リン》鶏《チー》だれ」 70

夏休みは、ゆっくり帰省。 72

第3章

秋の野菜レシピ

秋の野菜レシピ 77

カボチャ

- 週末をエンジョイ! カボチャでおかず天国♡ 78
- 万能! カボチャポテトサラダ 79
- おうちでカフェ風サンドイッチ 81
- 土曜の夜は作り置き! 82
- 【基礎編】ヘビロテ! 簡単マリネ 84
- 【応用編】エスニック! ナンプラーマリネ 85
- もっと秋野菜! ゴボウのレシピ 88
- 月に1度のお楽しみ! 今日はパンの日 90
- ひとり暮らしの強い味方! リンゴ 94
- 揚げずに簡単! 大学イモ 96
- 冷凍パンでメープルラスク 98
- おづ流・スターバックスコーヒーとの付き合い方 100
- 高級スーパー「成城石井」との付き合い方 104

The charge of board
of 20,000 yen

第4章

冬の野菜レシピ 111

大根

白菜

あったまる！冬の白菜レシピ 112

●重ねるだけ！豚と白菜の味噌なべ 113

●お手軽！手作りマーボー・白菜 116

●小腹をいやす！水ギョーザと白菜のスープ 119

●飽きない鍋の黄金方程式！ 122

冬の外食 ポカポカ！火鍋食べ放題♡ 126

年末年始はまったりと大根のレシピ 128

●胃にやさしい！小鍋でみぞれうどんすき 129

●冬の巣ごもりディナートマトポトフ 132

●年越しの鶏そば♡ 135

●自炊はじめ 豚と大根のぽん酢焼き 137

あとがき 140

お料理photo 142

こんだて索引 143

金額別索引 144

時間別索引 145

1ヶ月食費2万円生活・基礎編

「1ヶ月食費2万円生活」とは

**自炊1万円、外食1万円で
ひと月の食費を
2万円に決めると
節約を意識でき
生活にメリハリがつきます。**

●自炊1万円のやりくり

①月初に1000円札×10枚をおろす。
②2000円ずつ分けてクリップでとめ、袋に分けて管理。
③「1週間2000円×4週」をめやすに食材を買う。（予備2000円は米や調味料が切れた時に）
④食材を使い切れるよう手帳とレシートでチェックしていく。（p.24参照）

●外食1万円のやりくり

①月初に1万円札1枚をおろす。
②外食に行けそうな日を月の初め、カレンダーにチェックしておく。
③私の場合「飲み会は月2回×4000円、ランチ月2回×1000円」がめやすです。
④基本的に外食は友人と。ひとりでの外食は月1～2回。甘い物を食べに行きます。
☆いいこと：自分の時間がもて、友人との時間がさらに特別になります！

●ポイント

月末は食費の見直し。多少オーバーしても無駄遣いでなければ気にしません。
ゆるく、マイペースにやると続けやすいです！

おひとりさまの調味料

自炊生活スタート時に一気に買い揃えました。

おひとりさまの自炊道具

わが家のキッチンはIHひと口コンロ。使ってみると案外ラクです。冷蔵庫、炊飯器、電子レンジ（オーブンなし）、湯沸かし器をフル活用しています！

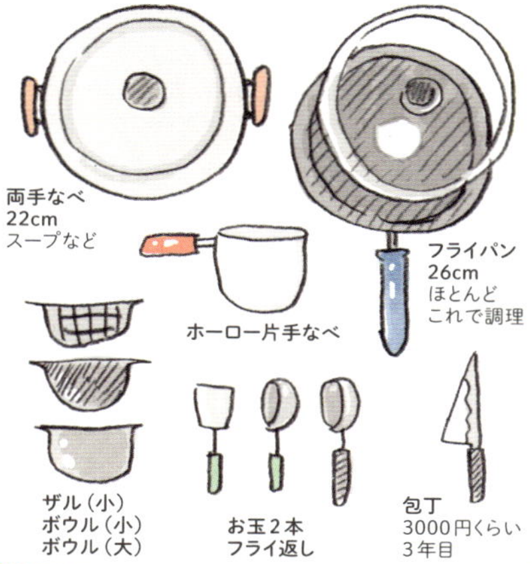

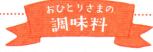

お弁当について

朝はパンとコーヒー
あればサラダ。
昼は週3回くらい弁当
夜は自炊という生活です。
夕食を多めに作って弁当箱へ詰め
冷蔵庫に入れておきます。
愛用のお弁当グッズをご紹介♪

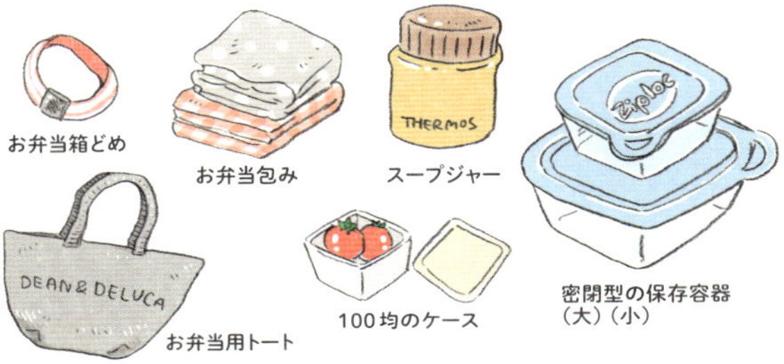

冷凍術について

むずかしそうな「冷凍」もやってみると意外に簡単！
保存期間が伸びるので自炊生活が豊かになります。

私の冷蔵庫

冷蔵庫はすぐ食べるものを入れるのでガラガラですが、冷凍庫はぎっちり!!

冷凍グッズ

A ジッパー付き保存袋（小）
20個入り

ラップフィルム

密閉型コンテナー
B 小サイズ 3個　大サイズ 6個

食材別の冷凍法

薬味以外は1ヶ月以内に食べ切るようにしています！

●薬味

使う時は冷凍のままか5分ほど常温に置くとよいです。2ヶ月以内に使い切ります。

ねぎ…1本をみじん切りして白い部分と青い部分に分けて A で保存。
にんにく…皮をむき3～4粒ずつラップして B へ。
しょうが…皮つきのまま半分に切りラップして A。

●常備品

ごはん…3合炊いて温かいうちに1食分ずつ B に詰めてすぐフタをし、冷めたら冷凍庫へ！ レンジで解凍します。
パン…袋のままビニール袋に入れて冷凍庫へ！ 凍ったまま焼いてOK。

●肉類

いずれも300gほど購入して冷凍保存し、凍ったまま使うか
使いたい前日に冷蔵庫へ移しておけばラクに解凍できます！

とりむね肉…そのままか、ひと口大に切り1食分ずつ A で保存。
豚こま肉…50gずつラップして A で保存。
ミンチ肉…A に入れ平べったくして保存。

おひとりさまのあったか

1ヶ月食費2万円生活
四季の野菜レシピ

第1章

春の野菜レシピ

春が来た！春キャベツまるごとレシピ

※ATM手数料のかからない銀行を利用しています。

まず八百屋さんへ
あっもう春キャベツ出てる〜!!
2〜3月ごろ出始めます
八百屋
1玉150円
1/2玉80円
丸々として緑が明るい
ずっしり
昔だったら½玉を買ってたけど…1玉の方がお得!
よーし今週は春キャベツを使い切るぞ!!
春キャベツどっさり入れたスープとかいいかも〜
お次はスーパー!
なくなってた常備品と卵も購入〜
1回目の買い出しは大体1500円くらいです
家に帰って½に切る
半分は冷蔵庫に保存!
さっそくもう半分を使ってリメイクしやすいスープを作ろう
ざくっ
常備品のホールトマト缶と根菜で…
春キャベツたっぷりのミネストローネだ〜
カルディセールで¥68

春キャベツたっぷり ミネストローネ

材料（8食分）

・とりむね肉 ½枚
・ソーセージ 2本
・大根 8㎝分
・にんじん(小) 2本
・春キャベツ ½玉
・玉ねぎ ½個
・ホール トマト缶 1缶
・にんにく 1片
・コンソメキューブ 2個

①キャベツ以外の材料は皮をむきサイコロ状に切る

②大きめのなべを中火にかけオリーブ油大さじ2とにんにくみじん切りを熱してからとり肉とソーセージを2分いためる

③玉ねぎ 大根 にんじん
乾燥バジルひとつまみを入れ
2分いためる
ポイント
野菜を先にいためると
火が通りやすく
なります
④なべに水750mℓと
コンソメキューブ2個を
入れる
⑤大きめに切った
キャベツ
トマト缶を入れる
ポイント
トマト缶は最後に
1杯分の水を入れて
残りトマトをさらう！
⑥フタをして
沸とうしたら
弱火にして20分
様子を見つつ
煮こむ
⑦野菜に火が通ったら
お玉でトマトをくずしつつ
塩ひとつまみ
こしょう少々を入れて
できあがり！
パッパッ
こしょう
ぐつぐつ
チーズをのせて
焼いた食パンを
半分に切って
添えたら
お昼ごはん！
具だくさん
だから
ゴーカだな〜

まずはスープから
ホクホク
春キャベツが甘くてやさしい味
さらにチーズトーストを…
パリッ
スープにイン!
トマトスープをたっぷりすったパンにとろ〜りチーズ…
がじっ
う〜ん幸せ!!
次の日
バタン
ただいま〜今日は忙しかった…
ヨボ…
こういうときの秘策は…
①ミネストローネをお玉1杯分あたため…
ぐつぐつ…
②カレールーを1個投入!!
トマトカレー
かかる時間5分
1食約85円
野菜たっぷりカレー完成♡
じ〜ん…
5分でできるのにひと晩寝かせたカレーの旨さ…

キャベツづくしの
スープ×お弁当!
残りスープ
7杯分か~
冷蔵庫に入れてるけど
春だし
早めに食べ切りたい
スープジャーで
会社にも持って
いくかな~
ポイント
スープは多めに作り
スープジャーで
ランチに食べる!
TERMOS
Amazon
セールで購入
¥1200
次は弁当用の
おかずを
作り置きしよう
ごそごそ
夜20:00
スープで野菜が
とれるからメインは
簡単な丼でいいや
冷凍した豚肉と
キャベツで!!
キャベツが
かぶってても
気にしないぞ~
お弁当は冷めると
味が薄くなるから
コチュジャンで味つけ
濃いめの丼弁当だ~
丼弁当
とは
密閉型の容器に
ごはんを入れ
上にどんどん
おかずを
のせていく
だけ!
マヨネーズ
目玉焼き
おかず
ごはん

作り置き！豚コマとキャベツの味噌いため

かかる時間 15分

1食約 80円

材料（4食分）

・豚コマ肉 200g
・キャベツ 1/4玉

調味料（まぜておく）

★
・さとう 小さじ1
・しょうゆ 大さじ2
・みりん 小さじ2
・コチュジャン 小さじ2

①豚肉 キャベツは一口大に切る

②フライパンにごま油小さじ1を入れ 中火で豚肉を1分いためる

④豚肉が白っぽくなったらキャベツを入れフタをして2分蒸す

⑤フタをとり強火にして1分いためる

⑥★のたれを全体にまわしかけ1分焼いたらできあがり！

スープは朝1回
あたためなおして
スープジャーに
TERMOS
スプーン
弁当は前日
用意して
冷蔵庫に
入れておきます
※会社でチンする
昼休みだ～
13時
天気がいい日は
会社裏の公園で
弁当を食べたりします
ポカポカ
けっこう
桜が咲いてる
今年は
これがお花見
だな～
いただきま～す！
スープジャーで
まだほんのり
あったかい…
外で食べる
スープっていいな
じんわ～り…
豚キャベ丼は
たれがご飯に
しみてて
おいしい
ホイコーローに
にてる～
ほっ
気分転換して
午後もがんばろう！

キャベツを使い切る！週末おつまみレシピ

春キャベツのアンチョビソテー

材料（2食分）

- 春キャベツ 1/4玉
- にんにく ½片・酒 大さじ 2

調味料（まぜておく）

★
- しょうゆ 小さじ1
- アンチョビペースト 小さじ1

作り方

1. キャベツを半分に切る
2. フライパンを中火にかけオリーブ油小さじ1とにんにくを入れて香りを出す
3. キャベツを並べ両面を1分ずつ焼く
4. 弱火でフタをして酒をまわし入れ両面を3分ずつ焼く
5. ★を入れ30秒焼き 黒こしょうをかける

春キャベツごちそうさまでした!

もっと春野菜！菜の花

下準備

1. 根元から2㎝分の固い所を切る

2. 真ん中で切りわける
3. 茎5㎝幅 つぼみ2㎝幅に切る

菜の花のごまあえ

かかる時間 10分

1食約 45円

材料（2食分）
・菜の花6本

調味料（混ぜておく）
★ ・白すりゴマ　大さじ2
・砂糖・しょうゆ　各大さじ1/2

作り方

1. フライパンいっぱいにお湯をわかす
2. 菜の花の茎を入れ1分ゆでる
3. つぼみを入れ50秒ゆでる
4. 冷水にとりよく水をしぼり一口大に切る
5. ★とあえる

ベーコンと菜の花のペペロンチーノ

かかる時間 25分

1食約 120円

材料（1食分）
・スパゲティ　1食分
・菜の花　3本　・ベーコン　2枚
・にんにく　1片 みじん切り

作り方

1. パスタ1食分をゆでザルにとる（ゆで汁30㎖残しておく）
2. フライパンを弱火にかけ オリーブ油大さじ1 にんにく 一口大に切ったベーコンを炒める
3. 菜の花の茎を入れ中火で1分炒める
4. つぼみを入れ1分炒める
5. ゆで汁を入れてすぐパスタを入れ 30秒あえ 塩・こしょう少々をふる

☆ベーコンを使わず 最後に生ハム4枚をのせてもおいしいです！

もっと春野菜！ アスパラガス

下準備

① 根元から2㎝位の固い所を切る

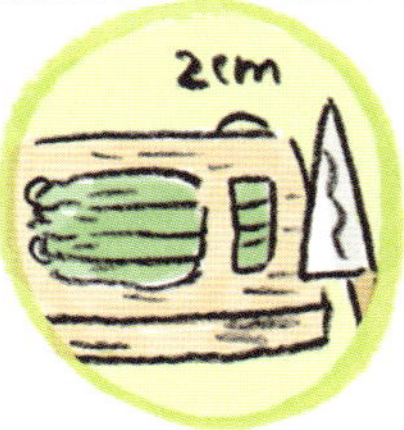

② 切り口から3㎝分の皮を包丁でむく

③ 5㎝幅に切る

アスパラガスのバターじょうゆいため

材料（2食分）

・アスパラガス　3本
・粉チーズ　少々
・バター　1片

作り方

1 フライパンを中火にかけバターとアスパラの太い方を入れ1分いためる
2 細い方を入れ2分いためる
3 塩・こしょう少々 しょうゆ大さじ1 粉チーズを入れ15秒いためる

かかる時間 10分

1食約 50円

アスパラガスのオイスターいため

かかる時間 10分

1食約 50円

材料（2食分）

・アスパラガス　3本
・にんにく・しょうが　各1/2片 みじん切り

作り方

1 フライパンを中火にかけごま油小さじ1でにんにくしょうが アスパラガスの太い方を1分いためる
2 アスパラの細い方と酒大さじ1を入れフタをして2分いためる
3 オイスターソース小さじ1 塩・こしょう少々で15秒いためれば完成！

私の手帳、大公開!!

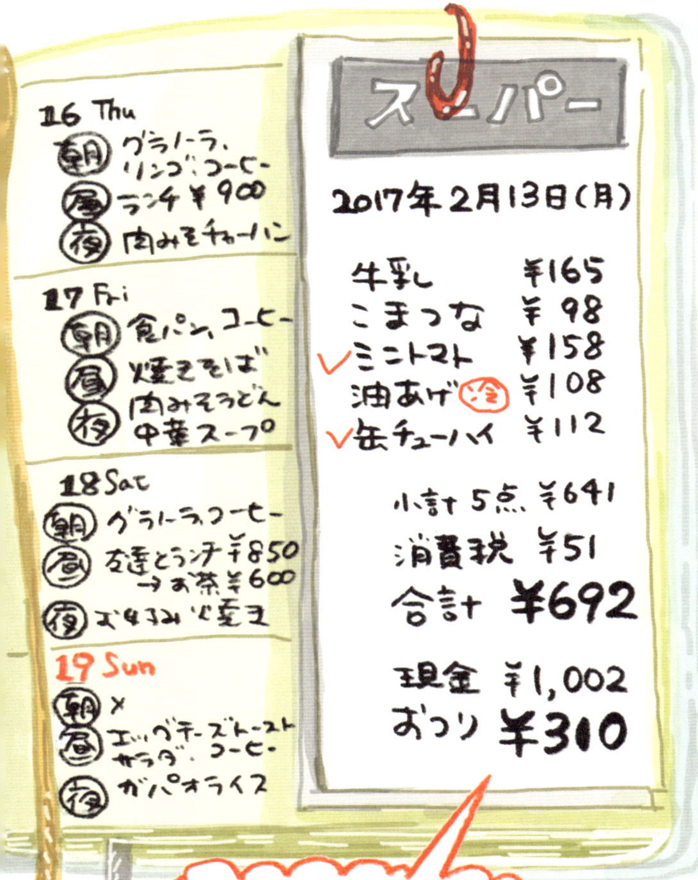

食材のレシート

◎使ったものはレ点でチェック
◎冷凍したものには冷マーク
◎今ある食材が一目でわかる!
◎食材をすべて使ったら
手帳から外す

1 私が手帳を使うワケ

1 作ったものの記録とレシートがあると、食材を確実に使い切り「1ヶ月食費2万円」にしやすくなる!

2「食べたもの」を見返すことで食生活のバランスを見直したりレパートリーを増やしたりできる

2 私が使っている手帳はコレ!

ハイタイド社「ポーシュ」A6週間見開きタイプ

1週間がパッとわかり
書き込める余白も多い

本が好きなので文庫本デザインがお気に入り♡
愛用5年目!

パッと見て何週目か
すぐわかるよう
カレンダーに印する

作りたい！と
思ったものは
料理名と材料を
フセンに
書いて貼る

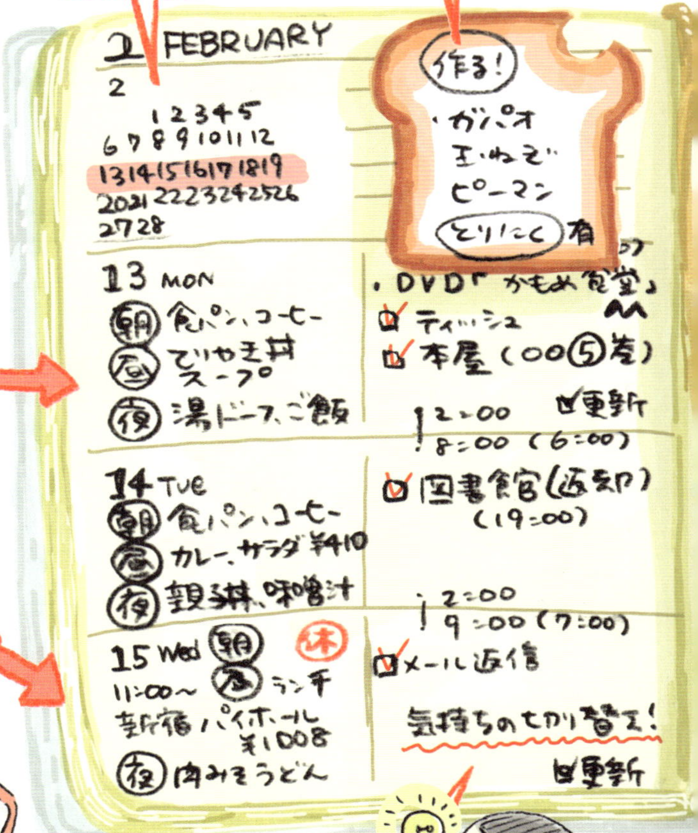

3 食生活の管理

1 その日食べたものの記録

◎自炊で何を作ったかわかる！
◎食べたものから健康チェックもできる

2 外食の記録

◎「行ったお店」「場所」「金額」を記入
◎また行きたい時のショップリストとしても使えます

お金の管理

細かい収支はスマホの家計簿アプリを使っています！

現在使っているのは無料アプリの「Money book」

生活リズム ひと言メモ

◎体調管理のため就寝・起床時間を記入
◎ひと言日記やアイデアを書きこむ

おかずの宝庫！
新じゃがのレシピ
じゃがいもは常備品として通年でよく買いますが
新じゃが 1袋 ¥128
♪
〜
おっ新じゃが出てる〜
5個入り128円前後
新じゃがが出るとすこしうれしい
新じゃがの保存
保存方法
袋から出し冷暗所で保存（夏は冷蔵庫が安全）
下ごしらえ
①使う分を水いっぱいのボウルにつけ手でこすって泥を落とす
②水が汚れなくなるまで流水でよく洗う
③芽は包丁でとりのぞく
新じゃがといえば思い出すのが…実家のおばあちゃんがよく作ってくれた
皮つき新じゃがの煮っころがし！
野菜が苦手だった子供のころでも甘辛くて大好きでした♡
ほこ
ほこ
小粒のイモ
まずは皮つき新じゃがで豚じゃがを作ろう！

ご飯がとまらない！ほっくり豚じゃが

かかる時間 20分

1食約 50円

材料（2食分）

・豚バラ肉 100g
・じゃがいも 2個

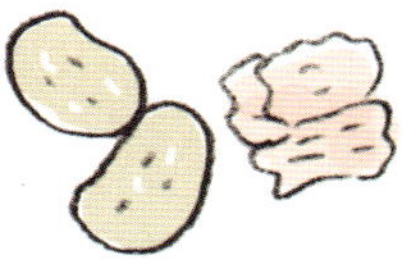

①豚バラは一口大 じゃがいもは4〜5つに乱切りする

②フライパンを中火にかけ ごま油小さじ1を熱してから 豚バラと じゃがいもを 1分いためる

③水200mlと だしの素小さじ¼ 酒大さじ1を入れ沸とうさせる（アクをとる）

④さとう大さじ1 みりん大さじ1を入れ 3分煮る

ポイント 肉じゃがは甘味からつけるとおいしい！

⑤しょうゆ大さじ2を入れ 落としブタをして 弱〜中火で 6分煮る

アルミホイル10×10cmをくしゃくしゃにして入れると落としブタになります

⑥煮汁が半分くらいになるまで煮たら 火を止める

豚じゃが完成～
ほっくり
皮つき新じゃがが照りっとして煮汁がよくしみてる!!
ホクホク
甘辛い匂いが食欲そそる！
豚バラの脂をすって濃い味!!
ご飯が進む～
新じゃがは皮の歯ごたえもいいよね…
パリッ
自然を食べてるかんじ…!!
新じゃがを豚バラと一緒に食べるとまたたまらない！
新じゃがのみずみずしさって肉じゃがにぴったり
パクパク
おばあちゃんの味とは少し違うけど
なつかしくておいしいです
ほっこり

新じゃがで簡単おやつ
別の日
ぐ〜
うーん 小腹がすいた
15時か〜
新じゃがが あるから…
危険すぎる アレを 作るか…!!
カッッ
材料
(1食分)
・新じゃが 1個
・バター 1片
・塩・こしょう 少々
新じゃがバター
かかる時間 8分
1食約 30円
①半分に切った じゃがいもを 耐熱皿に 並べる
②ラップを ふわっと かけて 電子レンジ 500W 8分 (600W 7分)
半分に切ったバターを じゃがいもにのせて 塩こしょうして
じゅわ〜っ
熱いうちに いただきます!
パクッ
バター+ しおこしょう+ 新じゃが…
最強…
ぐっ

新じゃがととり肉のねぎだれ炒め

材料
（3食分）
・とりむね肉 1枚
・じゃがいも 2個
①とりむね肉は一口大に切っておく
②じゃがいもは4等分し耐熱皿に並べる
③ラップをふわっとかけ電子レンジ500Wで8分（600W 7分）
④あら熱をとり皮をむく
べろっととれる！
⑤中火でごま油小さじ1ととり肉をいためる
⑥とり肉が白っぽくなったら酒大さじ1を入れ火が通るまでいためる
⑦じゃがいもと★を入れ1分いためて完成〜！
じゃっじゃっ
ねぎのいい匂い！
ご飯をよそって…
油あげ＋もやしみそ汁
いただきま〜す!!
初挑戦のねぎだれ…
どんな味かな〜
わくわく

ねぎだれは多めに作っていろんな料理に！

ねぎだれまぜうどん

材料（1食分）

・ゆでうどん 1玉
・ねぎだれ 大さじ2

作り方

1 お湯をわかしうどんを30秒ゆでて水を切る
2 ねぎだれをかける（梅干や大根おろしをのせてもおいしい！）

かかる時間 5分

1食約80円

焼き野菜のねぎだれあえ

材料（2食分）

・なす 1本
・ピーマン 2個
・ねぎだれ 大さじ3

作り方

1 なす ピーマンは一口大の乱切りにする
2 フライパンを中火にかけごま油大さじ1をあたためる
3 1を両面じっくり2〜3分焼く
4 ねぎだれであえる

かかる時間 10分

1食約50円

春のビールはじめ! 新じゃがラクレット

ブロッコリーのピリ辛ナムル
かかる時間15分
1食約40円
まずはブロッコリーで韓国風のおかず！
1株98円くらい
モサッ
材料（4食分）
・ブロッコリー 1株
作り方
①フライパンいっぱいにお湯をわかす
②ブロッコリーは茎を切り小房に分ける
③茎を下に房を上にして湯に入れる
④フタをして2分ゆでザルにあげて水気を切る
ぐつぐつ
たれ（まぜておく）
・ごま油 小さじ3
・トウバンジャン 小さじ1
・酢 小さじ3
・塩 ひとつまみ
ブロッコリーをたれであえて冷蔵庫へ…
15分くらいで食べごろ！
あとは余ってる新じゃがでもう1品…
そういえばラクレットってあこがれるけど食べたことないな～
とかしたチーズをかける料理
とろ～り
6Pチーズと新じゃがでできるかな？
6P
6P

新じゃがごちそうさまでした!

長〜く楽しむ！
いちごのシャーベット
かかる時間 50分
1食約 30円
甘くていい匂い〜♪
旬の果物はできるだけ食べたいと思っています
春の初めは高くて手が出ない いちごも…
1パック ¥398
う〜ん…
4月の終わりになってくると…
1パック ¥200
値下げ!!
買い時だ!!
がしっ
ついに いちごが食べれるぞ…
マイルール
果物は1パック200円内で買う！

まずは5粒くらい そのままで…
小さめのとちおとめ20粒入り♡
はー生の果物ってぜいたく!!
ひとり暮らしだと その日中には 食べ切れません
まだ半分 以上ある!
いちごは すぐにいたむので 余った分は 冷凍してしまいます
①いちごのヘタをとり 洗って 水に5分つける
②チャック付き保存袋に 入れる
③さとう 大さじ3を まぶしてから 冷凍庫で50分!
凍ったのを ちょっとずつ 割って食べます
ひんやり～
シャリシャリ
少し溶けかけが おいしい～♡
1回5粒ほど
初夏までいちごが 楽しめる お手軽 シャーベットです!

おづ歳時記

春

恵方巻

関西出身なので
昔からの恒例行事です。
しっかり吉方を向いて
かぶりつきます。
健康第一!!

梅の花見

図書館に行く途中
きれいな梅の木が
あります。
おいしいお団子屋さんで
みたらしを買って
ひと休み。

夏

梅雨

雨の日は
ゆっくり
おうちカフェ。
読みたい本を
2、3冊用意して
お菓子と淹れたて
コーヒーがおとも！

花火

家の裏の土手から
花火大会を見物。
屋台で買ったたこやき＆
缶チューハイ1本で
まったりと
楽しんでいます。

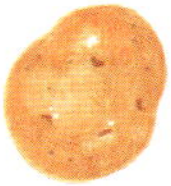

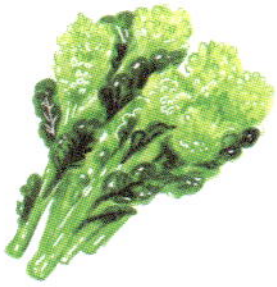

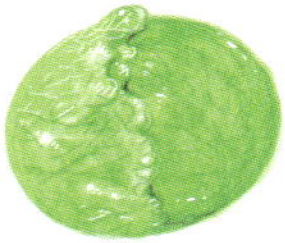

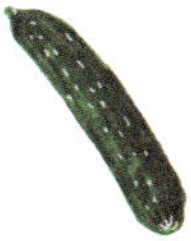

おひとりさまのあったか

1ヶ月食費2万円生活 四季の野菜レシピ

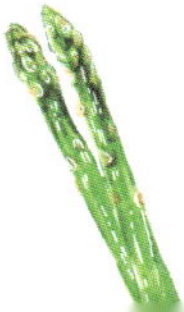

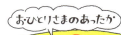

第2章

夏の野菜レシピ

夏を感じる なすのレシピ

※カッペリーニ…細めんパスタ。冷製パスタに使われることが多い

和風パスタソースの作り方
材料
(2食分)
・なす 2本
・プチトマト 8個
・にんにく 1片
★
・めんつゆ(3倍濃縮) 40㎖
・酢・水 各大さじ2
・乾燥バジル 少々
★は先に保存容器でまぜておく
カチャカチャ
無印のホーロー
このソースになすとトマトを入れていきま～す！
おづテクニック
プチトマトは冷凍が便利！
①ヘタをとり洗って水気を切る
②チャック付き保存袋に入れ冷凍
夏は1パック¥98位で安い！
凍ったままスープの具にして煮こんだりパスタソースに！1ヶ月以内に食べ切ります
プチトマトの湯むき
冷凍したプチトマトは流水にあてるだけでツルッと簡単に皮がむけます
はざわりよく味もしみやすい
ジャ～!..
たのしい
常温のトマトをむく時は沸とうしたお湯に10秒入れ水にあてるとむきやすいです
①なすはヘタを切り1㎝幅のサイコロ状ににんにくはみじん切りする

②フライパンを弱火にかけオリーブ油大さじ2を熱しにんにくを入れ香りが出るまで1分いためる
③中火にしなすを入れて2～3分焼き目がつき火が通るまでいためる
ジューッ
④いためたなすをソースに入れあら熱がとれたらプチトマトを入れ冷蔵庫で30分以上冷やしておく
ポイント
カッペリーニのソースは水分か油分どちらかが多いとおいしいですスープパスタに使うのもおすすめ！
カッペリーニをゆでよう！
ポイント
しっかりゆでてしっかり冷やす！
①フライパンいっぱいに水と塩小さじ1を入れ沸かす
②パスタを入れ袋に書いてある時間ゆでる
③ザルにあげめんが冷えるまで冷水でもむ
ぎゅっぎゅっ
カッペリーニをお皿に盛り冷やしたソースを1食分かけてできあがり！
夏場の調理だからゆで時間が短くて助かるな～
炭酸水をそえて…
いただきます～
トマトの赤が鮮やかでおいしそう！
なすもしっかりソースをすいこんでる
ヒヤリ～

ツルッ！
おおっ
湯むきトマトとカッペリーニののどごしがいいっ
ソースに酢が入ってるからサッパリ♡
つるっ
つるるっ
さわやかな夏のランチになりました
時短でリピート確定！
豚となすの甘辛丼
かかる時間15分
1食約64円
私はハマると同じ料理をよくリピートしてしまいます
毎日肉みそでも大丈夫〜
※「肉味噌」レシピは『おひとりさまのあったか1ヶ月食費2万円生活』をご覧ください
なす料理でよく作るのが…
豚となすの甘辛丼

リピートする理由！
①材料が少ない
②味に失敗がない
③短時間でできる
豚肉は安くて栄養があるので節約の味方！
豚肉にんにくは冷凍してあるからなすさえあれば作れる！
材料（1食分）
・豚コマ肉 50g
・なす 小1本
・にんにく ½片みじん切り
調味料（まぜておく）
★・しょうゆ 大さじ1.5
・みりん 大さじ1
①豚肉は一口大 なすはヘタを切りタテ½に切ったら乱切りにする
包丁をジグザグにして一口大に切る
②フライパンを中火にかけごま油小さじ1をあたためる
③にんにく 豚肉を入れ2分いためる
④豚肉が白っぽくなったらなすを入れ まぜながら3～4分いためる
ジュ
⑤なすに火が通ったら塩こしょうを全体にふりかける
⑥強火にして1分いため★のたれを入れて10秒で火をとめる
ジュワ～

丼にごはんをもりつけて…
上から具とたれをたっぷりまわしかけて白ゴマをふって完成！
にんにく入りのたれの匂いが食欲そそるわ〜
つけあわせはキュウリのピクルス♡
豚もなすも照りっとしてておいしそう！
てりてり
う〜ん…
なすが豚肉の旨みをすってじゅわ〜っと最・高!!
がっがっ…
どれだけ食べても飽きない！
豚&なすの最強タッグです
がしっ!!
「豚となすの甘辛いため」その他にもこんなアレンジ
甘辛焼きうどん
5分
110円
作り方
1 小松菜1/2株を5cm幅に切る
2 小松菜とうどんを30秒ゆでザルにとる
3 フライパンを中火にし甘辛いため1食分と2を1分いためる
4 めんつゆ大さじ2を入れ30秒かきまぜれば完成！
濃い味なのでお弁当のおかずにしてもグッド！

※ふつうのラー油でもおいしいらしい

そうめんだけだと栄養足りないから「なすとキュウリのゴマいため」ものせよう
さらにゴージャスに…！
材料
（2食分）
・なす 1本
・キュウリ 1本
・豚バラ肉 30g
・ごま油 小さじ1
・白ゴマ 少々
通常のラー油の時はにんにく½かけらみじん切りを⑤で加える
①なすはヘタを切りタテに¼にして15㎜幅でななめに切る
②豚肉は一口大に切っておく
こういう感じ
③キュウリのヘタを切り タテ半分にし5㎝幅に切る
④真ん中の種の部分を包丁でとり5ミリ幅に切る
ここをとる
キュウリをいためものにする時は水が出るので種をとります！
⑤フライパンを中火にかけごま油を熱する
⑥豚肉を入れ白っぽくなるまでいためる
⑦なすを入れ1分いためたらキュウリを入れ全体がしんなりするまで2〜3分いためる
⑧白ゴマをふって完成！
ジュ〜
そうめんは多めに3束ゆでて〜
しっかり流水でもみ洗いすること！
ぎゅ
ぎゅ

なす ごちそうさまでした！

夏の外食 わくわく！ビアホールで飲み比べ

カンパ〜イ
カチッ
2〜3杯くらいを目安に注文します
1杯目はさわやかに…
「キリンブラウマイスター」
・キリッとした口当たりのいい味!
ゴクッ
プハ〜っ
やっぱりビールは一口目が最高!!
2杯目はコクを求めて
黒ビールとラガーのハーフ&ハーフ
・フルーティーな香りと黒ビールの深いコク
もぐもぐ…
ラム肉の風味とオレンジソースが黒ビールの苦味に合う
最後は甘〜いビアカクテルにしようかな
私もシャンディガフ!
わいわい
おいしくビールを飲んでいる時「大人になってよかった」と思います

私がトマトを好きなワケ

子供の頃…
野菜って苦いからキライ…
いつも給食が遅い人
そんな時林間学校で…
おやつですよ〜
盛りトマト〜〜ッ
このトマト甘くっておいしい!!
じゃじゃ
パクパク
カラッ
それから少しずつ野菜が好きになりました
通年はミニトマトを買うことが多いのですが
ミニトマト1パック¥158
トマト1パック¥298
あっ今日トマト安い！食べたい
広告の品！トマト1パック¥150
トマト大好き
夏が近づくと安くなるので喜んで買います

食欲増進!
トマトとキムチの雑炊
かかる時間 15分
1食約 120円
は~暑くて食欲がない…
ミーン ミンミン…
夕飯は辛いものにしよう…
材料 (1食分)
・豚コマ肉 50g
・キムチ 50g
・トマト 1個
・とき卵 1個
・ご飯 1ぜん
①トマトは一口大に切る
②小なべに水200㎖ トリガラスープの素小さじ1を入れ沸とうさせる
③豚肉 トマト キムチを入れ塩こしょうを少々して5分煮る
④ご飯を入れ卵を全体にまわし入れたらフタをして約1分待って完成!
お好みでごま油少々 のり 白ゴマをふってもおいしい!

ほかほか
キムチの匂いで食欲出てきた！いただきます♡
ハフハフ
トマトの酸味とキムチの辛さって相性バツグン！
使い方いろいろ！トマトと大葉のオリーブあえ
かかる時間5分
1食約45円
♪～
さっぱりしたあえものでも作るか～
材料（2～3食分）
・トマト 2個
・大葉 3～4枚
調味料（よく混ぜる）
・オリーブ油 大さじ2
・塩 小さじ1/8
・粗びきこしょう ひとつまみ
・乾燥バジル 少々
①トマトは一口大に切り大葉は粗目のみじん切りにする
②調味料とよく混ぜて保存容器に入れ冷蔵庫へ

トマトごちそうさまでした!

夏はさわやかキュウリ日和

材料（2〜3食分）

・キュウリ　2本
・すりゴマ　少々　・塩　ひとつまみ

調味料（混ぜておく）

★
・ごま油　小さじ2
・トリガラスープの素　小さじ1
・しょうゆ　小さじ1

作り方

1. キュウリはめん棒でたたき一口大に割る
2. 塩をもみこみ30分置く
3. 水分をしぼり★とあえすりゴマをまぶす
4. 冷蔵庫で30分おく

材料（2〜3食分）

・キュウリ　2本
・塩　小さじ1/2

調味料（まぜておく）

★
・ごま油　大さじ1弱
・トウバンジャン　小さじ1/2〜1
（お好みで辛さを調整）

作り方

1. キュウリはくし切りにする（タテに切りヨコに三等分する）
2. 塩をもみこみ30分おく
3. 水分をしぼり★とあえる
4. 冷蔵庫で30分置く（すぐ食べてもおいしい!）

どんとこい夏バテ！
フォー風うどん
かかる時間 15分
1食約 125円
ゴー…
クーラーをつけた部屋にずっといると食欲がなくなる
アイスコーヒーの飲みすぎで胃も荒れます
冷えてまっせ〜
COFFEE LOVE…
もうすぐ昼だけど台所暑いし
だら〜っ
短時間で作れて食欲も出るもの…
アジア風のめん
フォー!! みたいのが食べたい
カッ

※フォー…ベトナムの米めん。そうめんのような食べ物

でもうちにフォーはないから…
ごそごそ…
冷凍してあるうどんで代用しよう
あとは…ナンプラーがあれば大丈夫!!
テッテレ
ナンプラー1本260円位
カルディで購入して常備しています
材料（1食分）
・とりむね肉 50g
・ねぎ 2cm分
・玉ねぎ 1/8個
・うどん 1玉
・しょうが 1片
・もやし 1/4袋
①小なべいっぱいの水にとり肉を入れ沸とうしたらフタをして中火で8分煮る（アクはとる）
②とり肉をとり出しあら熱がとれたらうすく切る
③トリガラスープの素小さじ1とスライスした玉ねぎを入れ3分煮る
ぐつぐつ
④うどんともやし②のとり肉みじん切りしたねぎを入れ2分煮る
もやし

⑤塩こしょう少々で味をととのえる
⑥器に盛りつけ ごま油少々 ナンプラー少々をかける
お好みでレモン汁をかけても！
台所はあつい～…
ポッカレモン
ポッカレモン
涼しい部屋でアジアの香り…♡
ほか
ほか
ずるー
スープにとりの味がよく出てる～
ナンプラーって独特な風味でうどんでも異国っぽくなるな～
とりだしがうどんにしみててお肉もおいしい
食べたら元気が出てきた～
暑いけど買い出し行くか～！

おうちでアジア料理

フォー風うどんのアレンジいろいろ

あげ玉ねぎ入り

作り方

1. 玉ねぎ1/4個をできるだけ細くスライスする
2. 玉ねぎに小麦粉小さじ1をまぶし余分な粉を落とす
3. サラダ油大さじ3を中火であたため玉ねぎを両面1～2分揚げ焼きする

トマト入り

作り方

1. トマト1/2個をくし切りにする
2. フライパンを中火にかけごま油小さじ1で❶を2分いためスープに入れる

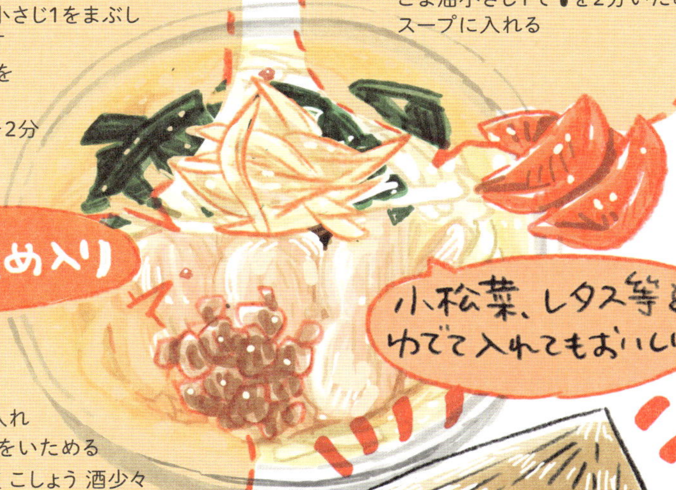

ひき肉いため入り

作り方

1. フライパンにごま油小さじ1を入れ中火でひき肉50gをいためる
2. 白っぽくなったら塩 こしょう 酒少々コチュジャン小さじ1で味つけする
3. 2～3分いためてスープにトッピング

小松菜、レタス等をゆでて入れてもおいしい!

飽きないので夏場はよくリピートして食べます

スープまで完食!

おひとりさまの麺類の買い置き

ゆでうどん（3食分） 150円

月1〜2回購入
買ったらすぐ冷凍庫へ入れて保存
凍ったまま調理OKです！

スパゲッティ（1.7mm）500g 200円

2ヶ月に1回くらい購入
1食分100g、月2〜3回で食べ切ります
カルディの安売りがオススメ！

焼きそば（3食分） 150円

数ヶ月に1回購入し
2週間で食べ切るか余ったら冷凍します
（凍ったまま調理OK！）

飽きたら塩味も

ソースのかわりに
塩・こしょう少々、トリガラ
スープの素 小さじ1/2
で味つけても美味しい

袋インスタントラーメン（5食分） 300円

半年に1回購入して
月に1回、忙しいときや
金欠のときだけ食べます

肉野菜炒めをプラス！

豚こま、もやし、小松菜を
しょうゆ小さじ1
塩・こしょう少々で
炒めてのせる

夏はそうめん（1袋分） 150円

夏に1回購入か仕送りでもらう
夏から秋にかけて週1～2回食べます

常温保存

1、2ヶ月で
食べきる

待つだけ！しっとり
ゆでどりの作り置き
かかる時間
調理5分
+
置き時間 60分〜120分
1食約
50円
あっむね肉が
安い…!!
買わないと
広告の品！
100g
￥68
都内は
グラム68円
からだと
安い感覚…
1週間後
あっ
むね肉
SALE！
100g ￥68
また安い…
2枚あっても
いいよね⁉
買お‼
こうして月末
我が家の
冷凍庫には…
あれ？
ば〜ん…
「冷凍むね肉
貯金」が
貯まることが
あります…

「その月に
買ったものは
月内に大体
食べきる」のが
マイルールなので…
月初に
あたらしい
気持ちで
スタート!
むね肉を一気に
消費する方法…
「ゆでどり」だ!!
冷凍していたむね肉は
前日に冷蔵庫に入れておき
解凍します
野菜室で一晩でOK
材料
(4~5食分)
・とりのむね肉 300g
・ねぎの青い部分 1本分
・しょうが 1片
・塩 ひとつまみ
・酒 50㎖
①とりむね肉は
タテに2ヶ所
切りこみを入れ
広げておく
②しょうがを
うす切りする
③鍋にとり肉と
肉がかぶるくらいの水
ねぎ しょうが 塩
酒を入れ
沸とうさせる
ぐつ
ぐつ

④肉の表面が白くなるまで10～20秒ゆで火を止める
⑤フタをしてお湯が冷めるまで放置する
1時間くらいかかるので夏は夜に作って涼しい部屋へ
⑥肉をとりだし皮つきのところは包丁で切り身は手で細かくして冷蔵庫へ
保存用容器などに
しっとりさっぱり食感がおいしいです
2枚作ってもおいしくてあっというまにペロリ…
しっとり～♡
簡単おいしい「ゆでどり」の活用方法は
LOVE!CHICKEN!!
次のページにまとめました～!!

YUDEDORI-LIFE

キュウリとどりの中華サラダ

材料
- キュウリ　1/2本　　　・ゆでどり　50g
- ★{・ごま油・しょうゆ・酢　各小さじ1
- ★{・塩 こしょう 砂糖　各ひとつまみ

作り方
1. キュウリを5㎜幅に切る
2. ゆでどりをのせる
3. ★をまぜたものをかける

かかる時間 10分

1食約 90円

ゆでどりのぜいたくサンドイッチ

材料
- 食パン　2枚　・トマト　1/2個
- ゆでどり　50g　・レタス　2枚

作り方
1. パンにバター マヨネーズ マスタードを塗る
2. スライスしたトマト ゆでどり レタスをはさみ完成!

かかる時間 15分

1食約 120円

余ったスープで! とりぞうすい

材料
- ご飯　1ぜん分　　・ゆでどり煮汁　400㎖
- ゆでどり　50g　　・卵　1個(といておく)
- とりガラスープの素　小さじ1/2
- 小松菜　1/2株　　・塩・こしょう　少々

作り方
1. なべにゆでどり煮汁ととりガラスープの素を入れ中火にかける
2. 沸とうしたら5㎝幅に切った小松菜とごはんを入れ2分煮る
3. 塩 こしょうで味をととのえ とき卵を入れる
4. 器に盛り ゆでどりをのせて完成

かかる時間 15分

1食約 150円

お惣菜にチョイ足し！ 自家製『油《ユー》淋《リン》鶏《チー》だれ』

このまま食べてもおいしいけど途中でちょっとあきるんだよね…
ねぎは冷凍してあるしすぐ作れるぞー!!
サニーレタスもあるし下に敷こう!
※きゅうりの細切りでもOK!
ユーリンチーたれの材料
(1食分)
・ねぎの白い部分3㎝分みじん切り
・ごま油 小さじ1
・さとう 小さじ1/4
・しょうゆ 大さじ2
・酢 大さじ1 1/2
・しょうがすりおろし小さじ1
①たれの材料をすべてよく混ぜる
②器にレタスを敷き一口大に切ったカラアゲを乗せる
③たれを上からかける
たれがからんだカラアゲがおいしそう~野菜もたくさん食べられる!!
甘酢で油がさっぱりして箸が進むな~
パクパク…
持ち帰りのお惣菜にひと手間プラスでさらにおいしくなりました

夏休みは、ゆっくり帰省。

夏になると1週間ほど休みをとって関西に帰省しています
ごそごそ
大きめリュック
読みたい本2、3冊
お土産を買ったり準備をしているとあっという間に当日に…
旅行中の食費は「旅行費」としています
約1万円
自分へのお土産なども含む
10000
東京駅
どれにしようかな～
ずらっ
とりめし
穴子ずし
牛肉づくし
駅弁は千円以内で量少なめのもの
富士山を見ながら駅弁をいただき
穴子ずしおいしい!!!
茶
車内で売ってるバニラアイスを購入します
カッチカチなので20分くらい置くのがオススメ
のうこう～～♡

兵庫県なので東京を昼に出ると夜に着きます
とっぷり…
駅
あっお母さん
ただいま〜
おかえり〜
おかえに来てくれた
久しぶりの実家…
やることないから仕事でもするか…
ネタ帳
30分後
だら〜り…
おそるべし実家の魔力!
※集中力がないだけ
次の日
妹①
よっ
おい〜
めい〜
カレーとスイカあるで
ワイワイ
妹②
実家感ある〜!!
おばーちゃん

本（1冊目）読んだけどまりこのカレー野菜ゴロゴロなんやな
ぐつぐつ
お母さんのは野菜が細かいもんな～
いつのまにか「私の味」があるんだな
自炊のおかげで母との話題が増えました！
あっというまに東京へ戻る日
今日帰るわ～
お－気いつけて－
父
お勤中
ここから電車で5時間半か…
お見送りのお母さん
東京は遠いなー
プシュ～
帰りの電車で窓から見える山や田んぼを眺めていると
ガタン…
ゴトン…
COFFEE
ちょっぴりセンチメンタルな気持ちになります
後日
仕送りが重い!!
どっさり母の愛…。

実家からのうれしい仕送り

お母さんありがとう!

年に数回、実家からの仕送りで
よくもらうもの、うれしいものを紹介します!

野菜・果物

田舎の
おすそわけ
地元産は
おいしい～!

米

新米の時期など
年に1～2回
もらいます

即席めんなど

ラーメンや
お茶漬けの素
など
忙しいときの
救世主!

実家で余ったもの

粉コーヒーや
そうめんなど
お歳暮の残り

あるとけっこう重宝します!

お酒

母が漬けた
梅酒を年1回
もらいます

アルコール弱めおいしい

お菓子

甘い物
LOVE…♡

おひとりさまのあったか

1ヶ月食費2万円生活

四季の野菜レシピ

第3章

秋の野菜レシピ

週末をエンジョイ!
カボチャでおかず天国♡
金曜日の帰り
今週末はおうちでたくさん料理するぞ〜
スーパー
おおっ根菜が安い!
秋だね〜
カボチャ 1/4 ¥98
get♡
カボチャ大好き〜
1/4サイズが使いやすいよね♪
なくなりそうな常備品や…
牛乳とじゃがいも
¥98
牛乳
¥138
宅飲み用にチューハイも購入!
限定味が出てる〜
一本しぼり
帰宅後
おつまみ用と明日の朝食用にカボチャで簡単ポテトサラダを作ろう
下ごしらえ
スプーンなどで種をとり半分に切ってラップする
カボチャの保存方法
ビニール袋に入れて冷蔵庫へ3〜4日で使い切ります

万能！カボチャポテトサラダ

材料（3〜4食分）

・カボチャ 1/8個
・じゃがいも 2個

①じゃがいもを大きめ一口大に切り耐熱皿に並べふわっとラップをして電子レンジ500W7分（600W6分）加熱する

②カボチャも大きめ一口大に切りふわっとラップをして電子レンジで500W7分（600W6分）加熱する

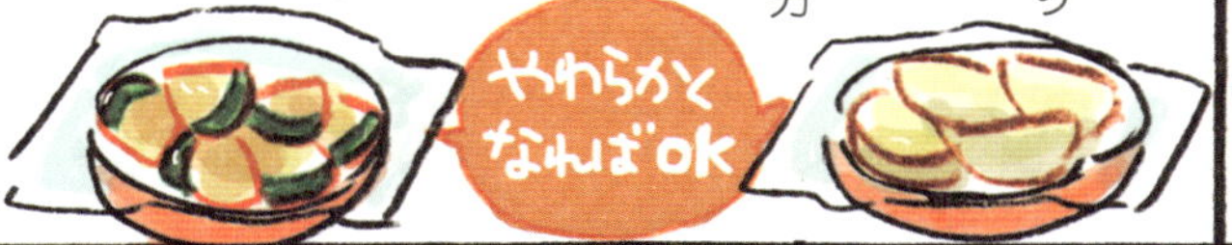

③じゃがいもは皮をとる

④②と③をボウルに入れスプーンでざっくりつぶす

⑤塩こしょう少々マヨネーズ大さじ2を入れあえたら完成！

もう1品おつまみにガーリックトーストを作ろう!
①中火でオリーブオイル大さじ1を熱しにんにく½片のみじんぎりバター小さじ1をいため塩こしょうを少々
②食パン1枚を6等分したものを並べて2分焼く
③ひっくり返して2分焼き粉チーズをふって完成!!
あればパセリも
できた〜!!
本搾り
焼けたばかりのガーリックトーストにあったかいポテサラをのっけて…
じゃわ〜
ほっくり甘いカボチャとにんにくの塩っ気がたまらない〜
サクサクほくほく!
ほろよい〜
週末のゆる〜いおうち飲みを楽しんでいます

おうちでカフェ風サンドイッチ
かかる時間15分
1食約75円
次の日の朝
トーストしたうすいパン2枚にバターとマスタードを塗って
カボチャポテトサラダ 50g
カルディで買った生ハムを2～3枚
余りものの水菜などもいっしょにはさんで…
具だくさんのぜいたくサンド～
食べやすいようワックスペーパーで包んでから2つに切ります
ざくっ
カフェオレをつけて…いただきます!
ナイス断面!
たっぷり野菜がシャキシャキ
カボチャの甘みと生ハムの塩っ気がベストマッチ!
ざくっ
具だくさんだからこれ1個でボリューム十分だな～
ぜいたくな休日の朝食…

土曜の夜は作り置き！
土曜日の夜
よし来週の「作り置き」をしよう！
作り置きのいいところ！
①一気に作るとラクです！
2、3日分のおかず2〜3種！
②1食ごとのおかずの品数を増やせる！
少しずつお皿に盛るだけ〜♫
とりとカボチャのトマト煮
かかる時間20分
1食約80円
材料（6〜8食分）
・とりむね肉 1枚
・カボチャ 1/6個
・玉ねぎ 1個
・トマトホール缶 1缶
・とけるチーズ 1/2枚
・乾燥バジル 少々
・オリーブオイル 大さじ1
①玉ねぎはみじん切り とり肉とカボチャは一口大に切る
②むね肉に軽く片栗粉をまぶす

③両手なべを
中火にかけ
オリーブオイル
を熱してから
とり肉を入れ
焼き目が
つくまで
いためる
じゅわ
④玉ねぎ カボチャを入れ
かきまぜながら
2分いためる
⑤トマト缶を入れ
塩こしょう少々
乾燥バジルを入れる
⑥トマト缶に水100㎖を入れ
トマトをさらって入れる
⑦チーズと
しょうゆ少々を
入れてフタをし
弱火で10分煮る
⑧フタをとり
水分がなくなる
まで2~3分
いためて完成
ぐつぐつ
少し味見~
パクッ
うすかったら
塩を足しましょう!
OK!
味噌汁ご飯を
つけてトマト煮で
夕食にしよう!
とり肉に
片栗粉つけて
しっかり焼いたから
香ばしい!!
2日目は
味がしみてさらに
おいしくなります

基礎編
ヘビロテ！簡単マリネ
う〜ん…
2年前…
かぼちゃ
なす
にんじん
買った野菜がちょっとずつ余るなー
簡単で保存がきく常備菜は…
あっマリネって楽そう〜！
カンタン料理
基本のマリネ作り方！
マリネ液
（2〜3食分）
・酢 大さじ2
・さとう 小さじ1
・塩 小さじ1/6
・乾燥バジル 少々
・乾燥輪切りとうがらし 少々
ボウルでよく混ぜる
マリネの作り方
①野菜を一口大に切る
②①をオリーブ油で両面しっかり焼く
③マリネ液を野菜にかけ冷蔵庫で1〜2時間
2/3が液につかる位の容器で
1時間後…
漬けて置いとくだけなのに
素材の味が生きててとてもおいしい！
パクパク
HIT!
日が経つと味がしっかりしみるのもまたいいなあ
すっぱい！
それからいろんな野菜でマリネを試すようになりました
保存は冷蔵庫で2、3日

応用編
エスニック！ナンプラーマリネ
かかる時間15分
1食約30円
ナンプラーを買ったけどいつも同じ料理しか使ってない…
タイの調味料
¥300くらい
余ってるカボチャ1/8個で何かできないかな
「カボチャ」+「ナンプラー」検索
塩をナンプラーで代用するのか…
パクチーはないからバジルにしよう
ハーブだから仲間(?)では…
どんどん自己流に…
エスニックマリネの作り方
「基本のマリネ液」から
塩小さじ1/2
ナンプラー小さじ2
に変更！
材料（2食分）
・カボチャ 1/8個
3～5㎜の厚さに切る
作り方
①フライパンにオリーブ油小さじ1を入れ中火で熱する
②両面に焼き目がつき火が通るまでカボチャを3～4分焼く
③保存容器に入れ上からマリネ液をそそぐ
④あら熱がとれたらフタをし冷蔵庫で1時間
すぐ食べても大丈夫！

メインディッシュは昨日作った「とりとカボチャのトマト煮」でパスタを作ろう！
ポイント
フライパンだと早くお湯が沸きます！
①パスタをゆでザルにとる
ぐつぐつ
②とりとカボチャのトマト煮1食分をパスタにのせる
こしょう少々と粉チーズをかけたら完成！
鶏とカボチャのトマトパスタ
1食約120円
かかる時間15分
カボチャのマリネもつけてカボチャづくしのディナーいただきます！
具がゴロゴロで食べごたえがありそう〜‼
スプーンの上でくるくる…
カボチャの黄色とトマトの赤が食欲そそる！
煮物は2日目だからカボチャにしっかりトマト味がついてる♡
パスタだけど甘いカボチャも合うわ〜

カボチャごちそうさまでした!

もっと秋野菜！ゴボウのレシピ

下準備

①たわしなどでゴボウをこすり流水で洗って泥を落とす

②ボウルに水をはりささがきにする

③色が出てきたら水を変え5分置きザルにとる

お弁当にぴったり！ゴボウ入り焼きつくね

かかる時間 25分

1食約 150円

材料（2〜3食分）

・豚ひき肉　300g
・ゴボウ　1本　・卵　1個
・すりおろししょうが　2cm分

調味料（まぜておく）

★ ・さとう・みりん　各大さじ1
　・しょうゆ　大さじ2

作り方

1 ボウルに豚ひき肉 卵 しょうが
片栗粉 大さじ2
塩 こしょう少々を入れてよくねる
2 ゴボウを入れてまぜてから
5cm幅の固まりに分ける
3 フライパンを中火にかけごま油
小さじ1を熱してから2を並べ
両面を1分ずつ焼く
4 酒大さじ1を入れ弱火にし
フタをして3〜4分焼く
5 真ん中に箸を刺し
透明な汁だったら★を入れ
中火で30秒ずつ両面を焼いたら完成！

こねる時はビニール袋を手に巻くと楽

ごはんがススむ！ピリ辛きんぴらゴボウ

こってり味でご飯がおいしい

かかる時間 15分

1食約 40円

材料（3～4食）

・ゴボウ　1本　　・にんじん（小）　1本
・乾燥とうがらし　1本（輪切りする）
・白ゴマ　適量

調味料（まぜておく）

★
・酒　大さじ1
・しょうゆ　大さじ2
・みりん　大さじ2
・めんつゆ　小さじ1

作り方

1. フライパンを中火にかけ ごま油大さじ1 ゴボウを入れ1分炒める
2. 5㎜幅に切ったにんじんを加えて 2～3分炒める
3. 全体がしんなりしたら とうがらしと★を入れる
4. 水気がなくなるまで1～2分炒め 白ゴマをふる

きんぴらは
1食分ずつ
ラップで
冷凍！

忙しい時にチンすればすぐ食べられます！

アレンジ 肉入りきんぴらまぜおにぎり

かかる時間 15分

1食約 100円

作り方

1. フライパンを中火にかけ ごま油小さじ1で豚ミンチ40gを 火が通るまでいためる
2. きんぴら1食分を入れて 塩 こしょう少々を入れ火をとめる
3. ご飯2ぜん分に1を混ぜあわせ にぎれば完成！

月に1度のお楽しみ!
今日はパンの日
私はパンが大好きです
PAN
PAN
いつもはスーパーで食パンを購入しています
朝はパン派♡
6枚
私のパン好きの始まりは大学時代京都に住んだことでした
京都はおいしいパン屋だらけ
パンってめっちゃおいしい
19才くらい
会うたびにパン食べてるね〜
と友人に言われるくらいパンを食べていました…
上京してからも月に1度くらいおいしいパン屋さんでパンを買うのを楽しみにしています
土曜日
ピピピ…
がばっ
ばしっ
パン買いに行くぞ〜っ!!

1ヶ月の外食費は
1万円と
決めているので…
「東京」「おいしいパン屋」で検索
メモ!
近い!!
いつか行こう
行ってみたい
パン屋のメモをとって
少しずつ訪れています
近所にもよく行く
おいしいパン屋が
あります
♪~
歩いて15分くらい
わくわく
着いた~
昼前だから
いっぱい種類が
ありそう~
ずら~~~っ
パンが並んでる姿って
テンション上がる~
チーズ
ブール
焼きたて
で~す
焼きたて!!
興奮
うおお~

※ハード系…皮が固い歯ごたえのあるパン

パンといっしょに食べたい 野菜たっぷりコンソメスープ

かかる時間 15分
1食約 25円

材料（3、4食分）

- ハムかベーコン 2枚
- 玉ねぎ 1/4個
- にんじん 1/2本
- 余った野菜
（今回はカボチャ 1/8個）

A

- コンソメキューブ 1個

作り方

1. Aをサイコロ状に切る
2. なべにオリーブ油大さじ1を入れ ❶を中火で1分いためる
3. 水400㎖ コンソメを入れ 沸とうさせ弱火にして15分煮る
4. 火を止め塩 こしょうで味を ととのえたらできあがり！

ひとり暮らしの強い味方!リンゴ
秋になるとリンゴを2週に1個は買います
1個¥98くらい…
オススメは「シナノゴールド」!
シャキシャキで酸味もありおいしい!
リンゴがあればいつもの朝食がパワーアップします
①皮をむいて⅙にカットし種の部分を切る
②1㎝幅のサイの目に切る
グラノーラに混ぜたり…
ザクザク
ヨーグルトに混ぜたり
リンゴのトースト
20分
60円
①リンゴ¼個を5㎜幅のうす切りにする
②中火でリンゴとさとう大さじ2を焦げないよう2分炒める
トーストにバターといっしょにのせて…
じゅわ〜…

サクッ
リンゴの果汁とバターが溶けあう！
コーヒーおいしい…♡
ホッ
豊かな朝…♡
風邪をひいた時には…
ゲホゲホ
長引いて食欲がない…
リンゴを3個くらい買っておきます
ズラッ
リンゴならむいたらすぐ食べられるし
消化にもいい！
朝食がわりに1個分むいて食べます
シャクシャク
疲れた体にしみわたる…！
ちょっと食欲出てきたから夜は雑炊にしよう
リンゴは強い味方！
おやすみ〜

揚げずに簡単！大学イモ
かかる時間20分
1食約98円
実家からさつまいもをもらいました
立派な……！
新聞紙に包んですずしいところで1ヶ月くらい置いていましたが
※糖度が増す
新聞
そろそろ食べるか…
さつまいもはどんな食べ方でも大好きですが
実家では干し芋が大好きで「芋姉ちゃん」と呼ばれていた…
もちもち
自分で作るのはもっぱら大学イモ！
この芋は大きいから半分使おう
今日は油で揚げないヘルシーな作り方を試してみよう！

材料（1～2食分）
・さつまいも（大）½本 もしくは中1本
・黒ゴマか白ゴマ 適量
大きめの1口大に切り、水をはったボウルに10分つけアクをぬく
たれ
・さとう 大さじ3
・サラダ油 小さじ1
・しょうゆ 小さじ¼
・みりん 小さじ¼
・水 大さじ1
ポイント
火をつける前にフライパンに調味料を入れておく！
よくかきまぜる
①さつまいもは水をよく切りフライパンに重ならないよう並べてフタをし弱火で3分焼く
IHは弱～中火！
②ひっくり返しフタをして再び3分焼く
火加減はたれがふつふつ煮える位
③フタをとり水分がなくなってたれがからむまでひっくり返しながら2～3分火を通し白ゴマをふって完成！
ほうじ茶といっしょにおやつタイム～♡
つやつや…！
低温でじっくり焼いたからほっくり甘～い！
幸せ…。
ホクホク

冷凍パンでメープルラスク
かかる時間6分
1食約5円
たまに パンを買っている 近所のパン屋さんで…
6枚切りの食パン
200円
ある日 はじめて パンの耳を発見!!
パンの耳 ¥50
50円!!
こんなに厚く 切られてて たくさん入ってて めっちゃお得!!
1袋 買おう!
冷凍しといて ピザトースト とか…
お菓子に 使ってみよう
250円でーす

数日後…
そういえばお茶菓子切れてるな
まんが
よーしこの間のパンの耳と…
ホットケーキミックスについてて余ったメープルシロップを使ってなにかおやつを作ろう！
メープル
※すぐ冷凍した↑
スマホで検索…
「食パンレシピ」
「メープルシロップ」
あっ！！ラスクおいしそ～う！！
材料（2食分）
・冷凍したパンの耳1枚
・バター3㎝×2㎝
・さとう大さじ1
・メープルシロップ大さじ2
①食パンをレンジで1分あたためる
②一口大に切る
③弱火でバターを溶かし食パンを耳の方から並べ両面を1分焼く
④全体にさとうをまぶし中火にし30秒かきまぜて焼く
⑤メープルシロップを入れ両面からむように30秒焼いて完成！
焼き目がおいしそう！
あっあっ～
砂糖のかかった耳がカリッとして中はフワフワ
あま～い
止まらない味の素朴なおやつです

おづ流・スターバックスコーヒーとの付き合い方

店内でお召しあがりですか？
にっこり
店員さんがかわいくていやされる…
ホワ〜
スタバラテお待たせしました〜
なんかうさぎが描いてある〜
キュン
Thank you
シュガードーナツ ¥210
(時々、季節のドーナツにする)
チャイラテ¥420
or
スタバラテトール ¥370
(ホットかアイス)
だいたいいつもこれを頼みます
Thank you
窓際の席がお気に入り
駅のホームが見えるんだよね〜
ひっそり地味な趣味ですが…
ドーナツを食べている間しばらく人間観察…
さとうがじゅわ〜ふわふわでおいしい
あの人…！
はっ

すごくサイケデリックな服を着ているぞ!!
トゲ??
見える?
なにかのアーティストだろうか…!?!
メタリック
どこに売ってる!?
ドキ
ドーナツ食べ終わった
はっ!!
想像力がかき立てられ飽きません…
残りの時間はラテを飲みつつ持ってきた本を読んだり…
短時間の読書は仕事術や経営学などの本をよく読みます
ブランドのなりたちなどが面白く…
仕事をする人によって考え方がいろいろあるんだな～と思います
これからの予定を手帳に整理したり音楽を聴いたりしていると…
ボー…
突然いい案が浮かんだりします
おっ?
これいいかも!!
よーし充電完了!!
帰ってまんが描こ～!
ピュ～
1時間の逃避行はおしまいです

ポイントチャージでスタバが無料!?

高級スーパー『成城石井』との付き合い方

※ちょっとお値段ははるが良いものが多いスーパー

※当時のセール料金です。

味もいいね〜
当時はルームシェアしていた
1週2杯で1ケ月くらいもちそう…
成城石井
高級スーパーってイメージだったけど
ものによってはコスパがいいのかもしれない…
雲の上の存在じゃなかった…
それから閉店間際には20%オフになることや…
20%オフなら手が届く!!
20% off
かぼちゃプリン
299円→238円
よくセールをやっていることを知り
還元セール!
オーガニックジャムがやすい!!
2ヶ月に1回くらいごほうびとして訪れるようになりました
季節ごとに変わるオリジナルジャムがお気に入りです
リピート必至!
こくあま
マンゴージャム
ぜいたくな気分〜
いちごバター
SUPERMARKET
成城石井
セレクトスーパーならでは…の
見たことない商品に出会える楽しみを味わえます!

成城石井でのお買い物のコツ
予算1000円で気になるものをチョイス
ピッ
今回の買物
・キムチ
・コーヒーゼリー
・珍しいビール
約1000円!
キムチのにこみうどん
①豚コマ 50g 小松菜 1/2株 キムチ 50gを一口大に切り ごま油小さじ1で中火でいためる
②水300ml めんつゆ 大さじ2を入れ 一口大にした油あげ うどん1玉を入れて 3〜4分煮る
夕飯できた!! いただきま〜す
僕ビール君ビール
ズルズル…
ゴクゴク
プハーッ
キムチの味わいが本格的〜
最高!!
ビールもおいしい!!
そしてこのあとは…
コーヒーゼリー!!
パァァ…
1000円でとっても幸せな気分になれます!

成城石井のおすすめBEST3

ちょっとお高いですが
こだわり大豆の味が濃い！
湯どうふなどの時に…

ひとり暮らしには250ｇパックが
おすすめ！ よく増量になっててお得

じゃがいもはなんと
手で皮をむいているそう
手作りのおいしさ!!

具材たっぷり！
レンチンで食べられて
会社ランチにおすすめ

冷凍して1個ずつ
トースターで
焼いて食べています

濃厚なチーズが
たっぷり！

おづ歳時記

秋

秋のひとり旅

人が少ない
秋の湘南の海で
お気に入りのスコーンを
食べてのんびり。
トンビには気をつけよう！

秋の味覚

秋は果物がおいしい季節！
ケーキ屋さんに
フルーツたっぷりの
ケーキを食べに行きます。
モンブランも大好き！

冬

クリスマス

友人宅で、お料理を持ち寄って
クリスマス会！
500円以内で
プレゼント交換します。
大人になってからの
「500円以内」のむずかしさ…。

初詣

浅《せん》草《そう》寺《じ》で初詣。
おみくじに一喜一憂…。
帰りは屋台で買った
メンチカツなどを
ほおばります。

おひとりさまのあったか

1ヶ月食費2万円生活

四季の野菜レシピ

第4章

冬の野菜レシピ

あったまる！冬の白菜レシピ

重ねるだけ！豚と白菜の味噌なべ

材料（1食分）

・白菜 3枚分
・豚こま肉 100g
・酒 大さじ4
・砂糖 小さじ2
・味噌 大さじ2

①白菜は5㎝幅に切る

②フライパンに白い部分を並べ豚肉を広げてのせる

③さとう 味噌を入れ酒を全体にまわし入れる

④葉の部分を広げて上に置きフタをして弱火で5分煮る

⑤水が出たら箸でかきまぜ全体に味噌をわたらせて中火にし5〜6分煮る

そういえば1年前の冬仕送りでもらった日本酒があった…
「恋バナ」兵庫のお酒
恋バナ
鍋と日本酒って「日本の冬」って感じ!!
この機会に開けちゃえ
※イメージ
パ〜ン!
コップに5㎝くらいでいいかな…
急にひとり飲みのレベルが上がったかんじするな……
とくとく…
まずは味噌なべ…
くた〜
豚と白菜の重なったビジュアル最高
甘めの味噌がしみこんだ豚と白菜がたまらない
じゅわ〜
味噌味がごはんに合う!!
そして日本酒
くぴ
甘口だ〜おいしい
ホッ

日本酒だと少しずつ飲むからお腹いっぱいにならなくていいな…
なるほど…そういうことか…
おひとり酒の新しい道…!?
2種類しか具がないのにぜんぜん飽きない
パクパク
ひとり鍋サイコ〜!!
ポカポカ…
体もあったかくなってきたし…この部屋天国なのでは…!?
こたつでこのまま寝たい…
バタン
ふ〜…
片づけまだだし
お風呂も入ってないけど…
なんだかとても眠いんだ…
スヤァ…
ガバッ
あっアイス買ってたんだった!!
テッパン!!
鍋のあとはこたつでアイスだよね
食欲が睡魔に勝ちました

お手軽！手作り
マーボー・白菜
かかる時間15分
1食約120円
山椒入りの本格的なマーボーが食べたい時は市販の素を買っていますが…
辛いのが好き
クックドゥやカルディのマーボー
四川麻婆
約200円
1本余ったなすや少量の白菜で
マーボーの素を使うのはちょっともったいない…
マーボーの素って作れるのかな？
カタカタ…
「おうち」「マーボー」「作り方」
あれっこの材料ほとんど家に常備してる…
ねぎ・にんにく豚ひきにく…
あとはトウバンジャンがあればいつでも作れるぞ!!
TŌBAN JYAN!
豆板醤
1個¥300くらい

基本のマーボーだれ作り方

材料（2食分）

・ねぎ白い部分 3cm分
・にんにく ½片
・しょうが 2cm幅分
・豚ミンチ肉 100g

調味料（中辛）

・トリガラスープの素 小さじ¼
・トウバンジャン 小さじ1
・コチュジャン 小さじ1
・砂糖 しょうゆ 小さじ1

辛さは豆板醤で調節！

甘口 小さじ½
中辛 小さじ1
辛口 小さじ2

①フライパンを中火にしごま油小さじ1でみじん切りしたにんにくとねぎしょうが 豚ミンチを白っぽくなるまでよくいためる

②水50mℓと一口大に切った具材を入れ火が通るまで2～3分煮てから調味料を入れる

③水溶き片栗粉小さじ1を水大さじ2でといたものをかきまぜて1分煮る

できた〜！見ためはバッチリ!!
今回は白菜2枚で作ったマーボー白菜！
じゃ〜ん!!
案外マーボーって簡単かも…
わくわく
いただきまーす♡
マーボー白菜をごはんにのっけて…
スプーンで食べます
ホクホク
よく煮えて白菜がとろけてる
トウバンジャンが本格的！
淡白な白菜にピリ辛マーボが合うなあ〜
もぐもぐ
マーボーの素を使うより150円くらい安く作れた！
満足♡
これなら手軽に楽しめそう
2日分のつもりが…食べすぎた
少な〜…
ご飯も進む危険な味…
ドド〜ン

小腹をいやす!
水ギョーザと白菜のスープ
かかる時間13分
1食約47円
冬の深夜…
ぐ〜…
小腹が…っ すいた…っ!!
もう1時すぎてるし…でもこのまま眠れなさそう
なにか…食べたい…
うろ…
うろ…
妖怪・台所ウロウロさん
消化によくて野菜たっぷりで小腹が満たされる…
水ギョーザ入り白菜スープ
ぐ〜
常備しているセブンプレミアムの冷凍水ギョーザを使います!
15コ入って200円というコスパのよさ!
水餃子

中華スープの作り方
材料
（2食分）
・白菜 1枚
・大根 2㎝分
・青菜(ちんげん菜 小松菜など) 1/2株
・もやし 1/4袋
スープだけ飲んでもおいしいよ
もやし
①白菜は1㎝幅に 大根は皮をむいて 1㎝幅に切り 青菜は根元を切って 5㎝幅に切る もやしは洗っておく
②小なべに 水500㎖を入れ 白菜 大根 トリガラ スープの素 小さじ1を入れ 沸とうさせる
ぐつぐつ
③青菜 もやしを入れ 中火にして 3分煮たら 塩こしょう少々 ごま油小さじ1を 入れて完成！
冷蔵庫で3,4日保存OK！
お好みで白ごまも
あとは食べたい時 1食分の スープを あたため…
水ギョーザを 2〜3個入れて 5分煮るだけ
スープの入った 器があったかくて いやされる〜
寒くて手がかじかむ…

白菜ごちそうさまでした!

飽きない鍋の黄金方程式！

さらに気づいたこと…
5年くらい前流行していた豚バラと白菜のミルフィーユ鍋
ぐつぐつ
豚バラのこってりした脂が白菜と合う
豚バラは何でも野菜と合う…鍋にぴったり!
パクパク
それから冬になるたびにいろいろ試し…
これもいける!
発表
シンプル鍋の黄金方程式
1
①鍋の素は3つ!
・水 600㎖
・だしの素 小さじ1
・日本酒 50㎖
2
②具材は2つ!
豚バラ肉
+
葉物野菜
冷蔵庫にあるものですぐ作れて助かる~
あったまるしヘルシー♡
つけだれで変化をつけると飽きない!
次はどれにつけようかな~
鍋ライフをエンジョイ中です!

毎日でも飽きない！豚とほうれん草の鍋

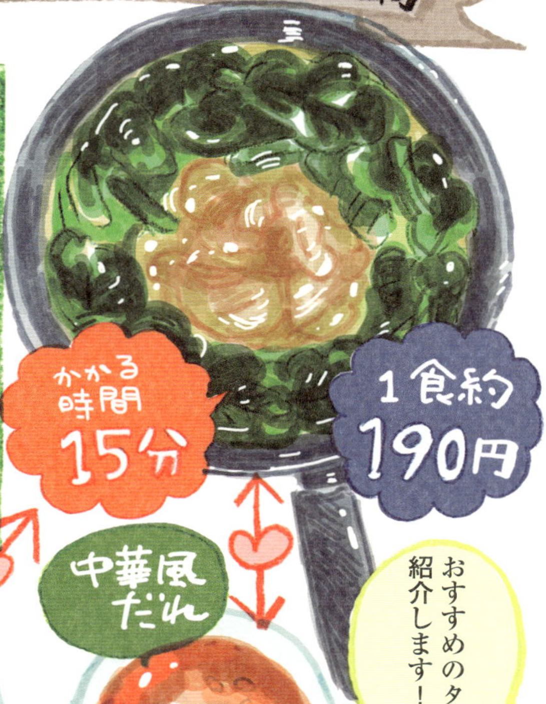

材料（1食分）

・豚バラ肉　100ｇ
・ほうれん草　2〜3束

作り方

1. 豚肉とほうれん草を一口大に切る
2. フライパンを中火にかけ鍋の素（p123参照）を入れて沸とうさせる
3. 豚肉を入れ白っぽくなったらほうれん草を入れる
4. アクをとり2〜3分煮れば完成！

かかる時間 15分

1食約 190円

おすすめのタレを紹介します！

おろしポン酢だれ

材料

・ポン酢　大さじ3
・大根おろし　1㎝分
・お好みで七味 ゆずコショー

中華風だれ

材料

・しょうゆ　大さじ2
・オイスターソース　大さじ1
・ごま油　小さじ2
・白ゴマ　大さじ2
・大根おろし　2㎝分

豚とほうれん草の鍋は、飽きないことから「常夜鍋」と言うそうです

ザクザクレタスがおいしい 豚とレタスの鍋

材料（1食分）

・豚バラ肉　100g
・レタス（大）　4枚分

作り方

1. 豚肉とレタスを一口大に切る
2. フライパンを中火にかけ 鍋の素（p123参照）と トリガラスープの素小さじ1を入れ 沸とうさせる
3. 豚肉を入れ火が通るまで 2分煮る
4. アクをとり レタスを入れて 30秒煮れば完成！

かかる時間 15分

1食約 180円

ごまレモン塩だれ

材料

・ごま油　大さじ1
・すりゴマ　大さじ1/2
・塩　小さじ1/4
・こしょう　少々
・レモン汁　小さじ2
・しょうゆ　小さじ1/2

ピリ辛だれ

材料

・トウバンジャン　小さじ1
・砂糖　小さじ2
・しょうゆ　大さじ3
・ごま油　小さじ1
・酢　大さじ2

レタスが安くておいしい 春夏に作りたいです！

冬の外食 ポカポカ！火鍋食べ放題♡

その2
飲み放題はつけない！
これは煮えてる
ぐつぐつ
肉追加する⁉
ラムと〜牛と〜…
牛肉おいし〜
パクパク
食べ放題でおなかがいっぱいになるので2杯位しか飲めません
とくに火鍋は辛いので最後は水か麦茶ばかり飲んでしまうのです
麦茶おかわり
辛〜!!
私も
2種類のスープが天国と地獄に見えてきた…
白湯スープ（天国）
麻辣《マーラー》スープ（地獄）
ぐつぐつ…
ヒリヒリ
お会計は飲み物込みでだいたい4000円以内
はー〜
舌がビリビリする！
おなかいっぱい〜
寒さが気持ちいい〜
火鍋
たまの外食でガッツリチャージ!!

年末年始はまったりと大根のレシピ

材料（1食分）

・豚こま肉 50g
・ちくわ 1本
・白菜 1枚
・大根 3㎝分
・ゆでうどん 1袋

①大根は皮をむきおろしておく白菜 ちくわは一口大に切る
②小なべに水300㎖白だし30㎖を入れうどん以外の具を入れて中火で5分煮る
③火が通ったらアクをとりうどんを入れて1~2分煮る
④真ん中に大根おろしを入れて10秒で火をとめる
ぐつぐつ
♪
鍋のままテーブルへ~
小皿につゆごとよそって…
ツルッ
白だしの優しい味…
芯からあったまる~
ホッ…
途中からはゆずこしょうチョイ足しで…
チョイ!
青ゆずこしょう
ゆずコショー 成城石井で購入
¥400くらい
ピリッとして箸がススム~
大根おろしたっぷりでサッパリいただけます

おひとりさまののんびり年末年始

冬の巣ごもりディナー トマトポトフ

かかる時間 40分

1食約 50円

材料（6〜7食分）

・とりむね肉 50g（豚肉 ベーコン ソーセージでも可）
・玉ねぎ ½個
・じゃがいも 2個
・にんじん ½本
・大根 6㎝分
・キャベツ ⅙個
・にんにく 1かけら
・トマト缶 1缶
・コンソメキューブ 2個

なべは大きい両手のなべを用意します！

下ごしらえ

・にんにく みじん切り
・肉 にんじん 一口大に切る
・玉ねぎ じゃがいも 大根は皮をむき 3つくらいの大きさに
・キャベツは 大きめの一口大に切る

① なべにオリーブ油大さじ1を入れ 弱火でにんにくを いためる

② 肉 玉ねぎ にんじん じゃがいもを 入れて1分いため 水1ℓを入れる

④大根 キャベツを入れコンソメキューブ2個を入れて強火で沸とうさせる
⑤アクをとったらトマト缶を入れ缶に水を½くんで中身を入れる
ぐつぐつ
⑥塩 小さじ¼ 乾燥バジル ひとつまみ こしょう少々を入れフタをして中火で10分煮る
節約テクニック？「ほっとき」調理！
火を止めてフタをしたままバスタオルでくるみ1〜2時間放置する
なべ在中…
ポイント
ガス代が節約できるのと煮物は冷める時に味がしみこみます
すぐ食べる時はそのまま30分〜1時間、弱〜中火で煮てもOK！
あたため直すとさらに味がしみておいしいんだよね〜
ぐつぐつ
あっため直し中…
1杯分のポトフと…カリッと焼いたチーズバゲットで
冬の巣ごもりスープディナー!!

大根
しっかり
煮えてる～
ホワ～
トマトと
コンソメって案外
大根に合うよねー
スープがしみた
大根がじゅわっと…
じゃがいももホロホロでおいしい！
トマトって
どの具材も
包みこむな！
新感覚!!
洋風おでん!!
ワインを
ください!!
※ありません
チーズパンを
ひたしてもグッド
次の日のお楽しみ
リメイク
コクうま
カレー
かかる
時間
5分
1食約
80円
作り方
1食分のポトフと
水50㎖を
小なべであたため
カレールー1個を
入れてとかす
トマトの酸味と
じっくり煮こんだ
具材がたまらない
大根ってカレーに合う～♡

年越しの鶏そば♡
大みそか
元旦をエンジョイする準備をするか…
さむ〜
本屋
ほしかったマンガを沢山!
イキイキ
ツタヤ
映画やアニメドラマのDVD!
DVDレンタル半額!
カバンが重い…
あとは…年越しそばの買い出しだけ…
ずっしり
具はきつねと…鴨南蛮にしたいな〜
ゆでそば安い〜
そば ¥45
鴨は売ってないからとりもも肉のねぎ焼きで代用しよう!!
油あげを甘辛く煮る
材料
油あげ 6枚
半分に切り熱湯をかけしぼる
油ぬき
①なべに水300㎖
だしの素 小さじ1
さとう 大さじ3
しょうゆ 大さじ2
油あげを入れて沸とうさせる
②弱火で15分煮てそのまま冷ましておく
ポイント
冷ましている間に味がしみます

トッピングの鶏ねぎ焼き
（1食分）
材料
・とりもも肉 80g
・ねぎの白い部分 5cm
・濃縮3倍めんつゆ 大さじ3
①とり肉 ねぎは一口大に切る（ねぎはナナメに！）
②中火でごま油小さじ1を熱してからとり肉を皮の方から焼く ねぎも並べて入れる
③両面に焼き目がつくまで2～3分焼く
④酒大さじ2を入れフタをして2分焼く
⑤めんつゆを入れて完成！
年越し間近…
あと30分です!!
ぬくぬく
そろそろめんつゆ作るか…
年越しそば作り方
①小なべで水500mlをわかし ゆでそばを入れ30秒あたためて器によそう
ぐつぐつ
②用意した具をそばの上にもりあわせる
③そばを煮た湯にめんつゆ（濃縮3倍なら30ml）を入れて1分温めよそえば完成
30分
180円
香ばしい鶏とネギがたまらない♡
ズルルル～
もうすぐ0時…！
七味
今年もよろしくお願いします
ワ～～
あけましておめでとう!!

自炊はじめ
豚と大根のぽん酢焼き
かかる時間15分
1食約60円
正月休み…
明日は仕事始めか
まんが～
みかん
このままじゃこたつから動かないし
弁当用のおかずでも作ろう！
オーッ
27日から買い出してないから冷蔵庫がカラだった
ガラーン
野菜は大根しかないけど
ぽん酢でいためたらおかずになるかも⁉
味ぽん

大根ごちそうさまでした!

おひとりさまのあったか

1ヶ月食費2万円生活

四季の野菜レシピ

あとがき!
ごちそうさま
でした!
『おひとりさまのあったか1ヶ月食費2万円生活 四季の野菜レシピ』を
お読みくださりありがとうございます~
おづまりこです
「おひとりさま」本の2冊目が出せてとてもうれしいです!
two
2
わーい

ブログや前回の本を読んでくださった皆様のおかげです!!
たくさん応援していただき本当にありがとうございます
ペコリ
1冊目を出版してから約1年が経ちましたが
図書館行こう♪〜
あいかわらずのんびりちまちまと同じ部屋で暮らしています〜
時々どうしても自炊ができない日もあるのですが
〆切の直前
ぐ〜
ご飯を作っている時間も外食する元気もない…!!
余裕のあった1週間前に作って冷凍したおかず
1週間前の私グッジョブ
チン♫
自炊生活を続けていてよかったな…とよく思う日々です
担当の白川さん今回も最後まで大変お世話になりました…!
デザイナーの千葉さんかわいくて素敵なデザインをありがとうございます〜!!
〃おづさ〜ん〃
これからもゆるゆると節約しつつ
またどこかで…
暮らしを楽しんでいけたら…と思います!

お料理 Photo

なすとトマトの冷製パスタ

P.43

さっぱりソースとさわやかなのどごしで夏にピッタリ☆

きんぴらゴボウ

P.89

ごま油のこってり味で
ごはんがすすむ〜!!
アレンジも豊富♪

自家製マーボー

P.116

ピリ辛マーボーは意外と
カンタン! 今日は豆腐で
作ってみました♪

菜の花のペペロンチーノ

P.22

菜の花の歯ざわりが楽しい♪ 春の香りたっぷりのごちそうパスタ!

大学イモ

P.96

ホクホク甘〜い♡
幸せなおやつ
タイムに

豚となすの甘辛丼

P.46

豚肉の旨みを
吸ったなすが
じゅわ〜っと
お口でとろける!

いちごのシャーベット

P.36

お砂糖をまぶして凍らせるだけ! 長〜く旬を楽しめる!

春キャベツのアンチョビソテー

P.20

アツアツでいただきまーす!! アンチョビの塩気がお酒にぴったり

自家製油淋鶏だれ

P.70

お惣菜屋さんで買った
カラアゲが本格中華に
早変わり☆

秋のひとり旅

P.108

湘南の海を眺めながら
お気に入りのスコーンを…♡

成城石井のおすすめ

P.107

セレクトスーパー
ならではの
気になる食材が
いっぱいです

新じゃがラクレット&ブロッコリーのピリ辛ナムル

P.33

宅飲みにぴったりの
簡単おつまみ!
ビールが
進んじゃいます!!

こんだて索引

【豚肉のおかず】
豚コマとキャベツの味噌いため …… 18
豚じゃが …… 27
豚となすの甘辛丼 …… 46
豚と大根のぽん酢焼き …… 137

【鶏肉のおかず】
じゃがいもととり肉のねぎだれ炒め …… 30
ゆでどりの作り置き …… 66
ゴボウ入り焼きつくね …… 88

【野菜のおかず】
キャベツのアンチョビソテー …… 20
菜の花のごまあえ …… 22
アスパラガスのバターじょうゆいため …… 23
アスパラガスのオイスターいため …… 23
焼き野菜のねぎだれあえ …… 32
ブロッコリーのピリ辛ナムル …… 34
トマトと大葉のオリーブあえ …… 56
たたききゅうり …… 59
ピリ辛きゅうり …… 59
キュウリととりの中華サラダ …… 69
カボチャポテトサラダ …… 79
とりとカボチャのトマト煮 …… 82
カボチャのナンプラーマリネ …… 85
きんぴらゴボウ …… 89
マーボー白菜 …… 116

【スープ】
キャベツのミネストローネ …… 14
野菜たっぷりコンソメスープ …… 93
水ギョーザと白菜のスープ …… 119
トマトポトフ …… 132

【なべ】
豚と白菜の味噌なべ …… 113
豚とほうれん草の鍋 …… 124
豚とレタスの鍋 …… 125

【ごはん】
トマトとキムチの雑炊 …… 55
とりぞうすい …… 69
肉入りきんぴらまぜおにぎり …… 89

【パン】
ゆでどりのサンドイッチ …… 69
カボチャポテトサラダのサンドイッチ …… 81
リンゴのトースト …… 94

【めん類】
ベーコンと菜の花のペペロンチーノ …… 22
ねぎだれまぜうどん …… 32
なすとトマトの冷製パスタ …… 43
豚となすの甘辛焼きうどん …… 48
なすとキュウリのごま炒め（そうめん） …… 49
フォー風うどん …… 60
鶏とカボチャのトマトパスタ …… 86
みぞれうどんすき …… 129
鶏そば …… 135

【スペシャルな献立】
ミネストローネでリメイクカレー …… 16
じゃがバター …… 29
じゃがいものラクレット …… 35
いちごのシャーベット …… 36
大学イモ …… 96
メープルラスク …… 98
トマトポトフでリメイクカレー …… 134

【便利なタレ】
ねぎだれ …… 30
油淋鶏の自家製だれ …… 70
マリネ …… 84
マーボーだれ …… 117
シンプル水炊き …… 122

金額別索引

【10円以下の献立】
5円　メープルラスク……98

【20円台の献立】
24円　カボチャポテトサラダ……79
25円　野菜たっぷりコンソメスープ……93

【30円台の献立】
30円　じゃがバター……29
30円　いちごのシャーベット……36
30円　カボチャのナンプラーマリネ……85
37円　キャベツのアンチョビソテー……20

【40円台の献立】
40円　ブロッコリーのピリ辛ナムル……34
40円　たたききゅうり……59
40円　ピリ辛きゅうり……59
40円　きんぴらゴボウ……89
45円　菜の花のごまあえ……22
45円　トマトと大葉のオリーブあえ……56
47円　水ギョーザと白菜のスープ……119

【50円台の献立】
50円　アスパラガスのバターじょうゆいため…23
50円　アスパラガスのオイスターいため……23
50円　豚じゃが……27
50円　焼き野菜のねぎだれあえ……32
50円　ゆでどりの作り置き……66
50円　トマトポトフ……132

【60～70円台の献立】
60円　じゃがいものラクレット……35
60円　リンゴのトースト……94
60円　豚と大根のぽん酢焼き……137
62円　じゃがいもととり肉のねぎだれ炒め……30
64円　豚となすの甘辛丼……46
75円　カボチャポテトサラダのサンドイッチ…81

【80円台の献立】
80円　キャベツのミネストローネ……14
80円　豚コマとキャベツの味噌いため……18
80円　ねぎだれまぜうどん……32
80円　とりとカボチャのトマト煮……82
80円　トマトポトフでリメイクカレー……134
85円　ミネストローネでリメイク トマトカレー…16

【90円台の献立】
90円　なすとトマトの冷製パスタ……43
90円　キュウリととりの中華サラダ……69
98円　なすとキュウリのごま炒め（そうめん）…49
98円　大学イモ……96

【100円以上の献立】
100円　肉入りきんぴらまぜおにぎり……89
110円　豚となすの甘辛焼きうどん……48
120円　ベーコンと菜の花のペペロンチーノ…22
120円　トマトとキムチの雑炊……55
120円　ゆでどりのサンドイッチ……69
120円　鶏とカボチャのトマトパスタ……86
120円　マーボー白菜……116
125円　フォー風うどん……60
130円　みぞれうどんすき……129
150円　とりぞうすい……69
150円　ゴボウ入り焼きつくね……88
172円　豚と白菜の味噌なべ……113
180円　豚とレタスの鍋……125
180円　鶏そば……135
190円　豚とほうれん草の鍋……124

※1食分・およその金額です。

時間別索引

【5分】

ミネストローネでリメイク トマトカレー …… 16
ねぎだれまぜうどん …… 32
豚となすの甘辛焼きうどん …… 48
トマトと大葉のオリーブあえ …… 56
トマトポトフでリメイクカレー …… 134

【6分】

メープルラスク …… 98

【8分】

じゃがバター …… 29

【10分】

キャベツのアンチョビソテー …… 20
菜の花のごまあえ …… 22
アスパラガスのバターじょうゆいため …… 23
アスパラガスのオイスターいため …… 23
焼き野菜のねぎだれあえ …… 32
じゃがいものラクレット …… 35
キュウリととりの中華サラダ …… 69

【13分】

水ギョーザと白菜のスープ …… 119

【15分】

豚コマとキャベツの味噌いため …… 18
じゃがいもととり肉のねぎだれ炒め …… 30
ブロッコリーのピリ辛ナムル …… 34
豚となすの甘辛丼 …… 46
なすとキュウリのごま炒め（そうめん） …… 49
トマトとキムチの雑炊 …… 55
フォー風うどん …… 60
ゆでどりのサンドイッチ …… 69
とりぞうすい …… 69
カボチャポテトサラダ …… 79
カボチャポテトサラダのサンドイッチ …… 81
カボチャのナンプラーマリネ …… 85
鶏とカボチャのトマトパスタ …… 86
肉入りきんぴらまぜおにぎり …… 89
きんぴらゴボウ …… 89
野菜たっぷりコンソメスープ …… 93
豚と白菜の味噌なべ …… 113
マーボー白菜 …… 116
豚とほうれん草の鍋 …… 124
豚とレタスの鍋 …… 125
みぞれうどんすき …… 129
豚と大根のぽん酢焼き …… 137

【20分】

豚じゃが …… 27
なすとトマトの冷製パスタ …… 43
とりとカボチャのトマト煮 …… 82
リンゴのトースト …… 94
大学イモ …… 96

【25分】

ベーコンと菜の花のペペロンチーノ …… 22
ゴボウ入り焼きつくね …… 88

【30分】

キャベツのミネストローネ …… 14
鶏そば …… 135

【40分】

トマトポトフ …… 132

【50分】

いちごのシャーベット …… 36

【60分以上】

ゆでどりの作り置き …… 66
たたききゅうり …… 59
ピリ辛きゅうり …… 59

Special Thanks

イケチン

4さん

家族

友人たち

愛読書『まんが道』(藤子不二雄Ⓐ先生・著)

Staff

ブックデザイン　千葉慈子(あんバターオフィス)

DTP　ビーワークス

校正　齋木恵津子

営業　小林みずほ

編集補佐　加茂綾子

編集長　松田紀子

編集担当　白川恵吾

初出

本書は「コミックエッセイ劇場」(KADOKAWA)での連載「おひとりさまのあったか1ヶ月食費2万円生活 四季の野菜レシピ」2017年3月1日～)の内容を改訂し、描きおろしを加えたものです。

おひとりさまのあったか
１ヶ《か》月《げつ》食費《しょくひ》２万《まん》円《えん》生活《せいかつ》
四季《しき》の野菜《やさい》レシピ

2017年4月28日　初版発行
2019年9月10日　 7刷発行

著者　おづまりこ

発行者　川金正法

発行　株式会社KADOKAWA
〒102-8177　東京都千代田区富士見2-13-3
電話　0570-002-301(ナビダイヤル)

印刷所　図書印刷株式会社

KADOKAWAカスタマーサポート
［電話］0570-002-301（土日祝日を除く11時～13時、14時～17時）
［WEB］https://www.kadokawa.co.jp/（「お問い合わせ」へお進みください）
※製造不良品につきましては上記窓口にて承ります。
※記述・収録内容を超えるご質問にはお答えできない場合があります。
※サポートは日本国内に限らせていただきます。

定価はカバーに表示してあります。

ISBN 978-4-04-069271-5　C0095

メディアファクトリーの
コミックエッセイ

おづまりこの既刊本！

全国書店で大人気発売中！

自炊1万円＋外食1万円!!

大人気のお料理コミックエッセイ ブログがオールカラー・100p以上を描き下ろして刊行！

シリーズ20万部突破！

自炊ビギナーでもすぐ真似できる
おいしくて節約できるレシピが満載！
月ごとの食費管理術や外食を安くたのしむコツ、
冷凍テクニックで食材を無駄にしない方法など
気になる情報もてんこ盛り♪

●定価1100円（税抜）

おづまりこの既刊本！

おひとりさまの ゆたかな 年収200万生活

コーヒーミルでゆったり朝時間

今ある年収で、私らしく。

上京して10年、年収約200万円の派遣OLだった著者が描く「ゆる節約生活」コミックエッセイ！

貯金体質になるレシート活用法、
100均ショップとのほど良い距離感、
ズボラ自炊の味方ひき肉レシピ…などなど
今ある年収で暮らしを楽しむ
衣食住の知恵を詰め合わせ♪

●定価1100円（税抜）

おづまりこの既刊本!

おひとりさまの ゆたかな 年収200万生活 ②

ひと手間かけて使いすぎない! カード払いのコツ

ゆる節約生活に、磨きをかけて。

月の予算の中で旬素材を使った料理をしたり、
ケチケチせずに自分にごほうびをあげたり、
工夫しながら楽しくくらすひとり暮らしのコツを伝授。
おひとりさまから絶大な支持を得た
『おひとりさまのゆたかな年収200万生活』第2弾!

●定価1100円(税抜)

KADOKAWAのコミックエッセイ！

●定価1000円（税抜）

「ちゃんとしなきゃ！」をやめたら 二度と散らからない部屋になりました

見えないところも整理整頓編

なぎまゆ

元片付けられない人だった著者がおくる、二度と部屋が散らからなくなるための整理整頓術第2弾！
今作では前巻よりも少し視点を移し、後に散らかってしまう要素になりかねない隠れた部分の整理整頓術を解説！ 前巻と合わせて読めば、二度と散らからない部屋にまた一歩近づくこと間違いなし。

●定価1100円（税抜）

不器用な私が家族を笑顔にする 魔法のレシピを作れるようになったわけ

たっきーママの人生を変えたレシピ

原作 奥田 和美　漫画 山本 あり

超人気料理ブロガー たっきーママこと奥田和美さん。
働きながら二人の息子を育て、毎日の家事に奮闘する日々の中から生まれた簡単でかつ美味しいレシピは、育児や仕事で忙しい多くの読者に支持されています。　そのレシピが生まれたエピソードを、コミックエッセイに！
結婚、出産後、奥田さんが直面した「お米をまったく食べてくれない長男…。離乳食が進まない…」問題に始まり、「仕事復帰で朝晩は戦場…。」など実生活に根差したエピソードと共に、本当に使えるレシピを紹介。

●定価1000円（税抜）

ひとりぐらしこそ我が人生

カマタミワ

ますます勢い加速！ 生きるのが楽しすぎる、ひとりぐらしの日々!!
アメブロで大人気！ 「半径3メートルのカオス」著者・カマタミワのザツだけど楽しくて仕方がない一人暮らしコミックエッセイ第4弾！
空気清浄機が自分にやたら反応して動き出したり、追い抜こうとした犬が歩くスピードに合わせて戸惑ったりと、ひとりを毎日エンジョイしてます。
役に立つズボラ一人暮らしテクなど描きおろしも大量!!